MIS COSAS

MIS COSAS

Vicente Garcia

Número de Control de la Biblioteca del Congreso de EE. UU.:   2013904452
ISBN: Tapa Blanda   978-1-4633-5279-0
                         Libro Electrónico   978-1-4633-5278-3

Fecha de revisión: 26/02/2013

Para realizar pedidos de este libro, contacte con:
Palibrio
1663 Liberty Drive
Suite 200
Bloomington, IN 47403
Gratis desde EE. UU. al 877.407.5847
Gratis desde México al 01.800.288.2243
Gratis desde España al 900.866.949
Desde otro país al +1.812.671.9757
Fax: 01.812.355.1576
ventas@palibrio.com
433066

ÍNDICE

INTRODUCCION 9

PROLOGO 11

NADIE MÁS QUE TU MARIA 13

INSPIRACION 14

DAMA ENCANTADORA 15

TÚ Y YO 16

LLORÉ 17

AGONIA 18

UNA MANERA DE SENTIR AMOR 19

ILUSION PERDIDA 20

LA VERDAD 21

VERSOS 22

UN POEMA DE AMOR 23

TRISTE SEPARACION 25

AMANECER 26

LLUVIA 27

SOLO TU TANIA 28

LA FUENTE DEL CREADOR 29

MI TRISTEZA 30

LO QUE MAS DESEABA 31

PARA LOS PADRES 32

SOÑAR DORMIDO 33

COMO AVE DE RAPIÑA 34

VIDA EN PENUNBRA 36

SOBERBIA 37

SINCERA AMISTAD 38

VAYA, QUE AMIGO 39

LA DIFERENCIA 40

VERSOS 41

PARA LOS PADRES 42

SIN MENTIRAS 43

AMIGA OJALÁ QUE TENGAS 44

JHOSSY 45

LO QUE YO MAS DESEABA 46

ISMELDA 47

PENSANDO EN TI 48

NOCHE EN SOLEDAD 49

TE AME 50

DESAMOR 51

DESDE QUE TE FUISTE 52
EL AMOR Y EL ROCIO 53
DIVINA SONRISA..54
COMO LAS ROSAS 55
QUE RECUERDOS 56
YO TAMBIEN PUEDO ESCRIBIR UN VERSO....................57
LO QUE RECUERDO DE TI MADRE 58
MUJER DE CORTINA 60
PROVERBIOS 61
TRISTE SOLEDAD..62
ELLA ERA ASI 63
AMOR CIEGO 64
HOY VIERNES...65
SIN MENTIRAS 66
DESCONFIANZA...67
TRISTE Y SOLO 68
NOCHE HERMOSA 69
COMO PASA EL TIEMPO 70
CONS EJO..71
COMPARACION 72
TRISTE NOCHE ESTRELLADA 73
NO JUEGUES MAS 74
LÁGRIMAS Y LLANTOS 75
ODIO...76
EL AMOR 77
TE SIGO ESPERANDO 78
TU ME OLVIDASTE 79
DESDE UN RINCON DE MI ALMA 80
COMPAI DOMINGO 81
CONSEJO PARA UNA ESPOSA 82
CALIENTE ADIOS 83
EN UNA MAÑANA DE VERANO 84
ERRORES DE JUVENTUD 85
COMO SER AGRACIADO 86
CUATRO VERSOS..87
DIANA LA PRINCESA 88
ESO VA CONMIGO 89
LA ESPERA..90
NEGRO 91
DI QUE NO 92
AL DR. JOSE FRANCISCO PEÑA GOMEZ 93

COMO LA AREPA 94
DE CORAZON A CORAZON 95
DON CHICHI 96
LA MUJER QUE AMO 97
LA SEŃORA DEL VESTIDO BLANCO 98
LO QUE SIENTO POR TI 99
ESMIRNA-YSMIRNA 100
MIS HERMANOS 101
PATRIA 102
PATRICIO 103
VIDA EN PENUMBRA 104
VERS0S 105
CONSEJOS 106
AMOR DE PRIMAVERA 107
LA PROMESA 108
LO QUE SIENTO A TU LADO 109
MI DECISION 110
QUE MANERA DE AMAR 111
NOCHE HERMOSA 112
PORQUE ME HACES SUFRIR 113
Mi PRIMERA ILUSION 114
ODIO 115

INTRODUCCION

"Hay que sembrar para cosechar"
El hombre es como una estrella fugaz, que pasa por la tierra y desaparece hacia un lugar desconocido. En el caso del hombre, si este nada sembró, nada podrá cosechar.

En mi vida existen ciertas personas y situaciones que tienen un valor significativo. Estas personas y situaciones fueron utilizadas como recurso de inspiración para la creación de mi libro.

Recuerdo aquellas reuniones realizadas entre los amigos "viejevos", donde relucían historias, cuentos y un sin número de remembranzas acerca de nuestras vidas en nuestro querido terruño, Republica Dominicana.

Durante más de veinte años de exilio económico en los Estados Unidos, viviendo una situación de soledad y melancolía, siempre recordando perfectamente a mi familia, especialmente mis padres Patria Santos y Jesús María Garcia "Chichi"; los cuales dieron el toque esencial e influenciaron en mi para la creación de esta obra.

Así surgieron Mis Cosas.

PROLOGO

Mis Cosas: Poemas, versos, narraciones y consejos.

Lo que aparece escrito en este libro, son combinaciones de palabras, que al rimar, se convierten en poemas, versos y narraciones.

También aparecen algunos consejos muy comunes en la vida diaria de la gente en mi país, Republica Dominicana. Lo explico de esta manera, para que entiendan que no soy un poeta. Estos escritos son inspirados desde lo más profundo de mi corazón.

Los presentes escrito presentados en Mis Cosas, son vivencias de situaciones personales de quien las escribe, de un amigo o un familiar.

Es mío el deseo que ustedes apreciados lectores, hagan de Mis Cosas sus cosas y se produzca un punto de empatía entre ustedes y yo.

Sinceramente,

Vicente García

NADIE MÁS QUE TU MARIA

Nadie más que tú iluminas mi vida y mi cuerpo,
nadie más que tú me envuelves en la llama de tu amor,
nadie más que tú abraza mi cuerpo con brazos angelicales,
solo tú sabes cómo amar con pasión y delirio,
con locura, ternura y con verdadero sentir.

Nadie más que tú me ahoga en sus aguas,
aguas de sublimes manantiales que nacen en un hermoso
rio, como la sangre al latir tu corazón.

Viajar en tu cuerpo es como el volar de un pajarito en primavera,
dormir contigo es como arroparse con el cielo,
besarte es como una pasión que enloquece mi corazón,
y nadie más que tu María, lo alimenta todos los días.

INSPIRACION

No hay inspiración cuando no existe una razón
ya sea para escribir un libro,
un poema o para componer una canción.

Cuando tienes inspiración te salen
del alma y el corazón las letras y hasta las melodías,
no importa si es de noche o de día,
pero no hay mayor inspiración que cuando estás
enamorado.

Todo te sale dulce y bien combinado y más
cuando hay verdadero amor entre ambos lados.

También te inspira la soledad, la amargura, el desencanto
y hasta la locura, aquella que es serena y que no busca problemas,
existen muchas maneras que pueden lograr una bonita inspiración.

Pero aquellas que salen del alma,
de lo más profundo del corazón,
solo te la pueden brindar cuando
en realidad existe un verdadero amor.

En todas y cada una de las mil y una
manera de amar aparecerá un verdadero motivo
que te ayudará a inspirar.

DAMA ENCANTADORA

Parece que nació en una noche de aurora,
es toda una dama encantadora, es tan natural su belleza.
que todos los hombres la aprecian.

Tiene un cuerpo hermoso, como una bella planta con flores de colores vistosos,
sus brazos parecen los pétalos de las flores con brillantes colores que atraen
a los hombres como abejas, para alimentarse de su dulce néctar.

¡qué dama tan encantadora!, así como las pupilas permiten la entrada de la luz a tus
ojos,
así me gustaría conquistar tu amor, sin temor y para toda la vida.

Oh dama querida, estoy tan enamorado, que quisiera ser un rayo de luz, para penetrar
en tu cuerpo en línea recta, con la misma intensidad como penetra un rayo en la tierra.

Cuando los hombres pasan por tu lado, te cubren como cuerpos opacos, para cuando la
luz alumbre sobre ellos, se convierta en sombra y oscurecerte el camino,
¿cuál será mi destino? Dama hermosa, te quiero y no sé si, si tú sientes lo mismo,
te estoy cogiendo un cariño que ni yo mismo me lo explico.

Tu de mi no te has enamorado, por más que trato de acercarme a tu lado, me rechazas
así como la luz del sol se refleja en un objeto,
es por eso que he notado que en tus ojos no ha entrado ni un mínimo de luz, para que
puedas
ver el interior de mi corazón, que se siente iluminado siempre que estás tú a su lado.

Seguiré enamorado encantadora dama, hasta que veas en mí el arcoíris de tu amor,
que es un espectro de luz que aparece en el cielo con sus diferentes colores.

Así como nace el arcoíris al brillar la luz del sol sobre las gotas de lluvia, así yo espero
que nazca mi amor dentro de tu humilde y hermoso corazón, dama encantadora.

TÚ Y YO

En una noche de luna con un cielo estrellado frente al mar azul,
tú y yo estábamos juntos en un solo pensamiento,
una sola idea, un solo sentir, una sola verdad de amor.

Esa noche en que todo era nuestro, con una sola vida
tú y yo, un gran amor y nada más,
tú y yo en el sonar de las olas,
tú y yo y un solo corazón que latía y latía
diciéndome que aun eres mía.

Tú y yo, ese gran amor y nada más, sentía,
sentía que tu sangre corría dentro de la mía
y que el calor de tus manos quemaban mi pecho
y que todo eso era una caricia, un te quiero, un beso,
solo un beso te hacia mía.

Nada es más dulce que estar junto a ti frente al mar
jurándonos amor y pasión para toda la vida,
tú y yo juntos por siempre y para siempre,
amor, cariño y verdad, todos unidos en una sola realidad,
tú y yo, una sola verdad de amor.

LLORÉ

Lloré en la estación del tren,
lloré y no lo niego,
lloré y no fue el viento que me hizo llorar.

Lloré porque no me gusta cómo me tratas cuando estás enojada conmigo,
lloré porque no me gusta estar enojado contigo,
lloré porque un día como ayer no me hiciste caso,
en otras palabras, me ignoraste.

Lloré porque a pesar de todo lo que pasé,
y lo que pasó entre los dos,
siempre se que estarás a mi lado.

Lloré porque en ese momento creí que iba a perderte,
lloré porque sé que cometí un error,
lloré porque yo lo reconozco,
lloré porque a pesar de todo lo que he hecho,
me has sabido comprender.

Lloré porque por primera vez
he encontrado a alguien como tú,
lloré porque creí que te perdería
y también porque a pesar de todo lo que ha pasado
entre los dos, he aprendido a quererte.

AGONIA

Parece que me estoy muriendo, pero aun no estoy frío
el médico me ha pronosticado
que me quedan pocos días.

¿Por qué tengo que esperar la muerte?,
eso me tiene atormentado
paso la noche intranquilo,
se me desgarran las pupilas.

Qué angustia tiene mi vida,
qué traidor es el destino cruel,
qué pena tener que morir en mi juventud plena.

Tengo un mal que me abruma,
que inquieta mi vida, se aleja...
mi felicidad hacia la eternidad.

Esperar la muerte es algo que me traumatiza
sin una esperanza embriagadora
que te permita esperar la próxima aurora.

A veces cuando descanso en mi cama,
siento en mi, ya frágil cuerpo,
una esperanza acogedora y dura prestada de cansancio.

Esta agonía solo me aspira a mantenerme activo
y tratar de cumplir mis más gratos deseos.

Aunque también pienso,
¿para qué alimentar mis ilusione?,
si la fe que animó mi vida
fue como una flor destruida,
por la fuerza feroz de un huracán.

UNA MANERA DE SENTIR AMOR

Tomados de las manos,
pasear sobre las arenas del mar cristalino,
caminar sobre el jardín en un bello atardecer,
observar la luna cuando alumbra en la oscuridad..

Ese es el amor, todo unido a nuestro cariño, nos brinda
un viaje a lo sublime, hacia el cielo estrellado,
la vida de los enamorados es soñar, uno cree
que tiene a Dios agarrado de la mano.

Cuando se está enamorado se siente la briza con esplendor,
a veces ni se siente el sol, se mantiene uno hechizado,
el aroma de la flor enriquece nuestro amor,
se percibe el sonreír de las aguas del rio,
cuando nos sentamos en su orilla a hablar de nuestro nido.

El amor lo abarca todo, es felicidad, es una realidad,
el amor es un romanticismo, creado por la naturaleza
para mantener la belleza del alma y el corazón.

Con razón es compartido entre dos, cuando empieza la relación,
por eso el amor es lo sublime, lo verdadero,
así se lo grito al mundo entero,
sí, hay amores sinceros.

ILUSION PERDIDA

Tú eras una niña, yo un adolecente,
cuando una tarde te vi pasar por el puente,
hermosa, educada y decente,
parecía una rosa que nacida en una fuente de agua dulce,
el sol con sus rayos relucían tu belleza.

Me hacia la ilusión de que un día esa bella rosa
sobre mí su perfume rosearía,
Recuerdo aquel día, en que una mañana paseabas
con tu tía, y tus lindos ojos hacia mí se dirigían.

Qué felicidad la mía, por fin me decía,
¡ha despertado en ella mi agonía!
su mirada y la mía,
mis ojos la seguían, quería decirle tantas cosas o quizás simplemente,
verla tan radiante y hermosa.

Pasó el tiempo y un domingo en la iglesia
cuando fui a escuchar la misa, percibí una hermosa sonrisa,
era ella vestida de blanco, se estaba casando,
el mundo se me vino abajo, mi corazón se partió en mil pedazos,
mi amada estaba en otros brazos.

Dirigió hacia mí su mirada,
yo sentí que sus ojos lanzaban llamas,
llamas que quemaban mi cuerpo
para arrancar toda esperanza, de mi amor secreto
que se convirtió en una ilusión perdida.

LA VERDAD

A decir la verdad, la verdad sea dicha,
es algo que está escrito y dicho sea de paso,
por la verdad murió Cristo.

La verdad es que cuando alguien te reclame la verdad
no te vayas a enojar, siempre da la cara,
dicen que la verdad duele,
existen mentiras piadosas
y verdades muy crueles.

Te voy a decir tres verdades,
que te vas a recordar de mí para siempre,
con la verdad, la vida se te ilumina,
con la verdad no hay engaños, mentiras ni traiciones.

Con la verdad se han escrito libros y canciones,
que llegan a lo más profundo de nuestros corazones,
diciendo la verdad puedes caminar sin temores,
con la cabeza en alto y sin rencores.

Es decir, un hombre excelente, honesto y sincero
le dice la verdad a la gente,
y siempre tendrá al pueblo brindándole su apoyo
para todo lo que se le presente.

VERSOS

Te perdono tu risa,
te perdono una burla,
pero lo que nunca te perdonaré,
es que niegues que yo te amé.

Mi vida te pertenece, pues la has
comprado con creces, pero mi amor,
tú no te lo mereces.

Dicen que la distancia es el olvido,
pero sin amor nada tiene sentido.

UN POEMA DE AMOR

Con mis ojos te miré,
con mis brazos te abracé,
con mis labios te besé
y nuca te olvidaré.

Cuando te conocí, tuve miedo de mirarte,
cuando te mire, tuve miedo de besarte,
cuando te bese, tuve miedo de quererte,
y ahora que te quiero, tengo miedo de perderte.

Cuando te vi por primera vez,
solo pensé en tu amistad
y después comprendí,
que te amaba de verdad.

Tantos ojos que me han visto,
tantos ojos que me han mirado,
tuvieron que ser los tuyos
los que me cautivaron.

Te quise tiempo pasado,
te quiero tiempo presente,
dejar de quererte
no ha pasado por mi mente.

Un ángel me preguntó,
que cual es el amor de mi vida
y yo le contesté, ella para toda la vida.

Te quiero amor mío,
te quiero de verdad,
te quiero para mí,
y no para los demás.
En todas partes te encuentro,
en todas partes te miro,
no es que estas en todas partes
es que te llevo conmigo.

Aunque te vayas de mi lado,
siempre estarás en mi mente,
nunca serás mi pasado,
siempre serás mi presente.

TRISTE SEPARACION

No estés triste porque me marcho,
ya te lo dije una vez,
me voy porque te quiero,
porque lo nuestro no puede ser.

El amor debe ser comprendido,
debe de haber confianza,
no debe ser injusto y aprovechado.

No es justo, yo dejé todo,
me separé de mis padres,
abandoné mis mejores amigos,
dejé hasta mi trabajo,
todo por estar a tu lado,
tu tristeza me asombra,
o es que la hipocresía te ahoga.

Lo nuestro era como un barco a la deriva,
que solo estaba sostenido por la fragata de mi amor.

Sí te abandono, te abandono porque si no, yo me ahogo,
es que ya no soportaba tu indiferencia,
no resistía tu mirada lejana de la mía,
perdóname, mi amor, pero me voy,
recuerda que aun te amo, y que siempre te amare.

AMANECER

En un amanecer de inmensa lluvia,
dormías en mi cama,
mis manos acariciaban tu bella cara,
suave como la piel de un niño recién nacido.

Besaba tu mejilla enrojecida,
besos que salían desde muy adentro de mi corazón,
tocaba tus labios carnosos como una manzana,
y muy dentro de mí, decía... sueña corazón.

Sueña que tus sueños son como la bendición y
la esperanza que caída del cielo,
alimenta mi alma desesperada,
atormentada por el peso de la edad,
el amanecer se acorta cada mañana.

Mi vida, al amanecer a tu lado, he encontrado
la fuente de la eterna juventud,
como una magnitud que olvida mi inquietud,
alejando de mí la gran diferencia de cuarenta y veinte.

Presente estas dentro de mi vida,
cuando te conocí vi la vida con otro amor,
aunque tarde comprendí que todavía podía amar,
que ahora soy feliz, muy feliz más que ayer,
gracias a ese hermoso amanecer.

LLUVIA

La noche está fría, la lluvia cae sobre los arboles,
tu estas triste y sola en la cama, te acompañan tu almohada
y la sábana roja con ramos y hojas acentuadas,
la lluvia cae sobre la ventana y tú sólo piensas qué pasara mañana.

Seguirá mi tristeza y tendré que seguir abrazando a mi almohada,
todo está en calma, qué vacio hay en mi cuarto,
siento que mi juventud se va y que me estoy poniendo viejo,
los años ya no están, se han marchado lejos, muy lejos.

La lluvia me trae de ti bellos recuerdos,
la caminata por el parque agarrados de las manos,
aquel beso frente al árbol que es el único testigo de nuestro inolvidable amor,
la brisa era como una tormenta que nos introducía con furor
al deseo fogoso de nuestro amor.

Pensar que la lluvia se va y tan solo nos deja los recuerdos
de aquel gran amor de ayer, de hoy y siempre,
porque solo se ama una vez en la vida,
una vez brilla la esperanza, aquella esperanza
que alumbra el destino de mi soledad.

Soledad que al caer la lluvia existe solo tú en mi pensamiento,
Señor, por favor, sácame este tormento que llevo dentro de mi corazón
que convierte en lágrimas mi razón de ser,
por aquella mujer que jamás he podido olvidar al ver la lluvia caer.

SOLO TU TANIA

Solo tú ahora existe en mi corazón
porque nunca he sentido por otra
mujer tanto amor.

Tú eres la mujer con quien deseo estar,
por siempre y para siempre.

Tú que responde a mi sed,
tu mi dulce panal de miel.

Te llevo tan dentro de mí que cuando
menciono tu nombre, frente al jardín
de mi vergel, me parece que las flores
sienten celos de ti, por el aroma
que dejas cuando te acercas a mí.

Tus manos son como pétalos
que acarician mi cuerpo.

Siento que cuando tus labios tocan los míos,
con esa pasión profunda y misteriosa,
que es como una furia loca que tu amor me provoca.

Nunca esperé estar en esta situación,
a la cual llamare amor,
porque un gran amor como este, no se encuentra
todos los días, y afortunadamente tu, Tania
has iluminado mi vida.

Como siempre sucede, nunca encuentras palabras
para explicar lo que sientes,
pero tú iluminas mi mente y le das valor a mi corazón,
y así con facilidad,
te puedo explicar lo que siento por ti... Tania

LA FUENTE DEL CREADOR

De la fuente del saber, no sólo los inteligentes
pueden saciar su sed,
si eres un hombre cabal e integro que piensa en
el futuro, yo le aseguro que si toma el agua de la
fuente del saber, jamás padecerá de sed.

Esta fuente se encuentra por doquiera,
agua, aire, la casa, el cine, en la calle, en el trabajo,
en el mar, rio, laguna; por doquiera.

Es una fuente de agua vivas,
es la fuente de la vida, del amor, la bondad, la salud,
es una fuente que nació del rio de la verdad,
que fluyó entre nosotros, creció para nosotros,
luego se seco por nosotros.

Después nació por nosotros para quitarnos la sed
que agobia nuestro cuerpo,
es la fuente del saber, la fuente del alma,
la fuente de la verdad, la salvación y la vida eterna.
esa fuente es Jesús.

MI TRISTEZA

La culpable de mi tristeza eres tú,
porque cuando te declaré mi amor,
simplemente te quedaste callada sabiendo
yo que tú me amaba.

Después de tanto tiempo reclamando una esperanza,
simplemente tú no dices nada.

Rompí un temor que por tantos años guardaba,
tenía miedo de tu actitud al decirte que te amaba.

Desde esa noche, en que no existía briza
y solo la luna nos alumbraba en un lugar
especial para dos personas que se aman.

Yo no tengo vida, se me ha quitado el deseo de vivir,
se me apagaron las ganas de vivir, solo pienso en ti.

Sin ti es inútil vivir, no tengo alegría,
estoy triste de noche y de día,
no tengo paz vida mía.

Háblame por favor, no llores,
es que no sabes que tus lágrimas me rompen el corazón
y sólo te estoy rogando, amor.
y tú en lugar de quererme, me entristece el corazón.

El amor que se siente por una persona,
siempre, siempre está presente y ese amor,
espera por ti aunque sea tristemente.

LO QUE MAS DESEABA

Después de dos intentos,
conversando con la cigüeña,
por fin apareció la hembra
para darle a mi vida felicidad completa.

PARA LOS PADRES

Una hija es el tesoro más grande,
que Dios le puede dar a una familia,
se, su amigo, dale confianza,
no la amarre a tu pasado.

Recuerda, todo ha cambiado,
tú eres el guía de su camino
de felicidad o desagravio.

SOÑAR DORMIDO

Soñar dormido es como trasladarse a otro mundo
donde tú eres el protagonista, el héroe de una
situación extraña, en donde tú puedes resolverlo todo
y en la cual tú nunca pereces.

En el sueño tu puedes ser el rey rodeado de
hermosas doncellas paseando por el jardín del
Edén, en donde solo existieron Adán y Eva.

Un sueño puede ser una prueba de una situación
efímera o de un futuro cercano, un aviso simulado o
de algo que te puede pasar en un momento dado.

Soñando se puede prevenir el futuro,
ayudar al inseguro y hasta salvar el mundo.

El soñar puede ser una realidad, con la posibilidad
de ayudar a los demás. El soñar no cuesta nada,
es más, es una ventaja que viene a tu cama en momento
indeterminado, y cuando menos piensa ya ha despertado.

COMO AVE DE RAPIÑA

Como una ave que levanta su vuelo
hacia la montana, para observar
a su presa y atacar a mansalva,
así destrozaste, tú mi corazón, te acercaste
a mí como un pollito sin pluma, llorando tu infortuna
porque fuiste abandonada en la llanura.

En ti encontré la fortuna que por mucho tiempo
andaba buscando, al verte tan hermosa con una sonrisa
angelical y un delicado caminar,
entró en mí la flecha de Cupido, en ese momento
solo se me ocurrió decirte un cumplido
"que Dios bendiga lo que mis ojos ven".

Tú con bastante desdén y ligereza, me
regalaste una sonrisa de tus labios color de fresa,
solo eso bastó para la unión,
de ahí en adelante, todo fue dulzura, cariño, ternura
y amor con sabor a miel.

Me siento en las nubes, porque por fin llegó
a mí la mujer que tanto esperé,
ella era muy diferente, locuaz, atractiva e inteligente,
con un color de piel canela que a cualquier hombre
la bilirrubina le alteraría.

Ella no era una dama cualquiera, se mantenía dulce, bella y atractiva,
el tiempo pasó y yo seguía muy enamorado de ella,
pasaban los años, yo un hombre maduro
ella parecía una quinceañera.

Llegó una época en que comenzaron mis achaques, la edad nunca juega,
su temperamento era maduro y conservador,
me di cuenta que en el amor me estaba llegando la hora.

Entro la primavera y aquella hermosa ave que encontré
en la llanura, ya hermosa y con bellas plumas, tenía miedo
de amar, entonces voló un día,
así se fue de pronto sin adiós ni despedida,
llevándose con ella mi amor y mi corazón como un ave de rapiña.

VIDA EN PENUNBRA

Sabes Señor, ya no vivo más en penumbra,
conocí un nuevo amor, que ha llenado mi hogar
de paz y tranquilidad,
con gran deseo de vivir felicidad total.

Yo quiero ser feliz, estando junto a ti,
yo quiero sonreír y vivir esta felicidad,
enamorado de ti.

Sabes Señor, gracias por haber puesto en mi hogar
tanto amor y felicidad,
ya no podía mas vivir así, muriendo de amor
como si fuera de enfermedad.

Ahora estoy aquí, confesándote a ti,
qué bueno es vivir sin una noche gris,
ella es la realidad, mi única verdad,
ahora, sé lo que es amar a una mujer real.

La sombra y la penumbra, entristecían mi vida,
mi habitación siempre estaba vacía, no existía alegría,
siempre me acompañaban, la soledad y la melancolía,
en el bar una botella de vino, una canción y una poesía,
me recordaban que aun yo tenía vida.

Gracias señor por ayudarme a salir de la penumbra
y desgracia en que yo vivía.

SOBERBIA

Qué soberbia saber que los días pasan entre las llanuras,
los valles y las montañas, y que las hierbas de los montes crecen
y crecen y yo esperando a que tu regreses.

Qué soberbia, aquel río testigo de nuestros besos
y caricias a veces me pregunta por ti,
le tuve que decir que no te veo más, que sólo
estoy aquí pensando en ti y observando su caudal
y su hermosa corriente noto que se mantienen impacientes,
creyendo que algún día volveré a verte.

Es que tu abandono ha sorprendido a todos, a mucha gente,
hasta a los niños que nos veían agarrados de las manos
decían ¡qué pareja más feliz!, qué pareja mas sonriente.

Pero qué soberbia Señor, dame paciencia para soportar
esta ausencia, yo no concibo que esta pasión que me
quema el corazón no le remuerda la conciencia.

Pensar que la vida se va y toda ausencia es causa
del olvido y que solo queda el recuerdo
feliz de aquel amor que se fue.

qué soberbia, qué amarga está mi conciencia,
viví toda mi vida equivocado con la mujer
que siempre he amado y ella,
ella Señor, me ha abandonado.

qué soberbia.

SINCERA AMISTAD

Hay situaciones en que tenemos que hacer cosas en contra
de nuestra voluntad. Simplemente por una necesidad.

Cuando tú tienes una amiga sincera sin ningún tipo de hipocresía,
cuando todo se hace a la luz del día, cuando se expresa
un bello sentimiento que es muy raro en estos tiempos.

Cuando en el pasado todo para ti era adverso y no tenías
una amiga con quien compartir tus sueños, los malos
tiempos y tu sufrir eran más intensos.

Ahora encontraste una amiga que te brinda sincera amistad,
un hermana que llora contigo en tus momentos de alegría y
felicidad, que compartía tu tristeza y soledad.

Que ha cambiado tu amargura por alegría,
que te hace olvidar los sueños, las mentiras y falsedades de la vida,
por cosas de la vida y el destino, tuviste que marcharte
abriéndote nuevos caminos.

VAYA, QUE AMIGO

Vienes a mi destruido, acabado, amargado; te agarro, te doy
la mano, yo soy tu amigo, siempre estoy contigo, te ayudo,
te limpio el camino, te traigo la suerte que te negó el destino.

Camino contigo, te presento a mis amigos, te saco de una mala amistad,
te introduzco en mi sociedad, no es de ricos, pero muy diferente
a esos tipos que estaban contigo.

Te brindo mi casa como a un hermano y luego resulta que me has traicionado,
vaya que amigo yo me gano,
pero eso no importa, la vida es muy corta, lo que va viene.

Tú ahora tienes, tú tienes, yo no tengo nada,
pero que va gallo que va, Dios aprieta pero no ahorca,
te viste en la soga, yo te la quité, fui tu amigo,
yo estuve contigo, cosas del destino.

Saliste de mi casa con tus penas limpias,
olvidando el pasado que muchas penas te trajo,
lo que más me duele es que yo fui tu amigo,
me vaciaste, me hundiste, acabaste conmigo,
con tu disque hermano, pero que carajo,
nada se ha acabado.

El mundo sigue girando, nadie lo puede parar
y te puedo asegurar que un amigo como yo
es muy difícil de encontrar,
ahí te lo dejo, desde ahora me voy a llevar
de los consejos que dicen así:
"cría cuervos y te sacaran los ojos",
"un amigo es un peso en el bolsillo, si este no está roto".

LA DIFERENCIA

Tú viniste a este país a progresar,
todo el mundo sabe lo mucho que has tenido que luchar,
la envidia, la mala fe, eso nunca faltará,
tú esposa, tú fiel amiga, esa que lucha contigo,
mantenla en un pedestal.

Aparecerán en tu camino, aquellos disque
"amigos" que te van a necesitar,
y mañana al doblar la esquina, por la espalda
un cuchillo te clavarán.

Esas personas déjalas que critiquen,
que hablen, que al final tú triunfaras,
Dios es muy grande, él escucha, él observa,
el Señor sabe dónde está la verdad.

Vicente, algunas veces hay que ser indiferente,
no le hagas caso a todas esas ofensas,
hay gente que no le gusta que le digan la verdad.

tú tienes buenos amigos en la alta y en la baja sociedad,
amigos sinceros que saben agradecer, siempre estarán
contigo, porque tú has sabido ser un gran amigo.

Vendrán familias, vendrán amigos, del campo a la ciudad,
algunos serán buenos, muy agradecidos, otros,
se servirán de ti, y de tu esposa,
no te preocupes, ya ella no es tonta,
es una gran señora, no guarda rencores.

Así que amigo Vicente, eso no es para untarlo,
use su inteligencia, aprenda de la indiferencia
y note la diferencia entre usted y ellos, sus amigos.

VICENTE GARCIA

VERSOS

No hagas caso de la gente,
sed indiferente con aquellos imprudentes que
no saben estar entre la gente.

Las palabras se toman de donde vienen.
a palabras necias, oídos sordos o déjalas
que se las lleve el viento.

No te burles de tus hermanos,
recuerda,
nadie es perfecto, sino, fíjate en los dedos de las manos.

PARA LOS PADRES

una hija es el tesoro más grande,
que Dios le puede dar a una familia, se,
su amigo, dale confianza, no la amarres a tu pasado,
recuerda, todo ha cambiado, tu eres el guía de
un camino de felicidad o desagravio.

SIN MENTIRAS

Todo sería tan hermoso si no existiera la mentira
entre nosotros,
somos seres humanos y entre nosotros nos estamos acabando,
hay que sembrar amor, para cosechar amor.

no podemos vivir de la mentira y el engaño,
porque entonces pareceremos seres extraños.

Si tú me amas con pasión y ternura,
entonces olvidaremos las amarguras,
puedes estar segura que mis sentimientos son
dulces y sinceros, que me casaría contigo mas
allá del cielo.

Por eso te digo, la mentira no es nada bueno
hay que oír buenos consejos, echar a un lado
aquellos que no son sinceros, así tal vez
podremos llegar a viejos.

Cristo es el don de la verdad,
por eso te pido por piedad,
has bien y no, mires a quien,
sed fiel hasta la muerte
y tendrás la corona de la vida.

Olvídate de la mentira y triunfaras en el amor
y en todo lo que tú decidas,
el destino es infinito, el amor es lo más bonito,
si estamos unidos los dos sin mentiras,
viviremos felices toda la vía.

AMIGA OJALÁ QUE TENGAS

Suficiente alegría para que seas amable,
suficientes problemas para que seas fuerte,
suficientes penas para que seas humana,
suficientes esperanzas para que seas feliz.

Suficientes fracasos para que seas humilde,
suficientes éxitos para que seas entusiasta,
suficientes amigos para confortarte,
suficiente dinero para llenar tus necesidades.

Suficiente celebro para que seas agradecida,
suficiente entusiasmo para seguir adelante
suficiente fe para vencer a la depresión,
suficientes brazos para abrazar a tus seres más queridos.

Suficiente corazón para ayudar al necesitado,
suficiente luz para que veas quien en realidad esta a tu lado,
suficiente determinación para hacer que cada día sea mejor que el anterior.

JHOSSY

Una pasión desmedida le dio el ser a una persona querida,
hijo de mi vida nació con una sonrisa,
arropado con una frisa,
que adornaba su frágil cuerpo
la noche de su nacimiento.

Yo estaba entristecido pues todo fue invertido,
yo esperaba niña y salió niño,
pero qué carajo, como quiera es mi hijo,
de inmediato le mostré cariño.

La vida de un hijo es lo más sagrado,
y con Jhossy yo lo he demostrado,
lo amo demasiado.

Es un niño inteligente y educado,
muy parecido a mi hermano,
tal vez es por eso es que lo amo demasiado,
tiene algo muy importante, es muy cariñoso
con su madre y con su padre.

es un preciado, don que saco de mi madre,
soy feliz a su lado, por eso,
le pido a Dios que le de vida eterna a mi lado

LO QUE YO MAS DESEABA

Después de dos intentos conversando con la cigüeña,
por fin apareció la hembra para darle a mi vida felicidad
completa, Patricia.

Niña inteligente, inquieta y absorbente,
apenas tiene siete años y se cree una señorita,
quiere usar sus ropas como si tuviera veinte,
es muy elocuente, muy mimada por su padre,
que se llama Vicente.

Ella acaba con todo, no importa que haya gente,
baila todos los ritmos que hay en el ambiente,
en el merengue sobresale más que cualquier gente
grande que se le ponga al frente.

La salsa y la bachata, ritmos caribeños, los baila
como entrenada dentro del vientre de su madre,
porque se mueve con un sabor incomparable.

Patricia es mi negrita, bajita, gordita, muy parecida
a su tía, mi única hermanita.
es mi única hembrita, un poco Caribe por ser
la más pequeña de la familia, y única hembra
consentida después de su madrecita.

Es mi orgullo, aunque un poco cabeza durita,
que Dios te bendiga, Annexies Patricia.

ISMELDA

Linda niña de dieciséis que a esa edad revolucionó mi ser,
pasaba yo por la acera, cuando ella con su inocencia
y con una mirada tierna, me sonrió.

Solo se me ocurrió saludarla,
la vi tan hermosa e inocente, con unos ojos
tan relucientes, que pase todo el día
sin poder borrarla de mi mente.

Al día siguiente, al regresar de la universidad,
por pura casualidad nos encontramos frente a frente,
no supe que hacer, me puse nervioso,
solo recuerdo que la saludé dentro de los dientes.

Todos los jóvenes en el barrio la tenían pendiente,
era coqueta, atractiva e inteligente,
Ismelda fue mi novia, la amé por mucho tiempo,
fuimos felices mientras duro este idilio.

Todo terminó, porque era muy rebelde y yo
tenía algo lejano muy pendiente,
ella aunque me amo con pasión y locura,
nunca pude borrar aquel amor que aun
permanecía en mi mente.

Tuve que romper esa relación,
Porque esa pasión no logro arrancar de mi corazón
Las heridas de mi viejo amor.

Ismelda, te recuerdo como algo hermoso de mi juventud
y que nunca pude borrar de mi mente
y que hoy en mis cosas te tengo presente,

PENSANDO EN TI

No sé porque todas las noches, las paso pensando en ti,
si lo nuestro quedó en el pasado,
aunque yo dudo que me hayas olvidado, donde
quiera que estés, en mi tienes que estar pensando.

Dicen que un profundo amor, no es fácil de olvidar,
pero mucho menos aquel amor que destrozó tu corazón,
los amores dulces y tiernos, se guardan siempre a un lado
de nuestro corazón, no importa el tiempo que haya pasado.

Pero también aquellos amores que fueron amargos son muy difíciles
poder olvidarlos, porque te hicieron sufrir,
te hicieron derramar lágrimas de sangre.

Esas noches en que pienso en ti, me traen recuerdos muy gratos,
de los días felices que juntos pasamos,
recuerdo que cuando estábamos en la cama, tu cuerpo era mi
abrigo y el mío era tu sabana, y no había frio que interrumpiera
nuestro idilio en las mañanas.

Tus manos eran como pétalos absorbentes, que atraen de
mi cuerpo el sudor que produce una noche de amor ardiente,
todo eso más todas las noches viene a mi mente,
no sé porque se comenta entre la gente y con nuestros amigos
que eres una mujer feliz, que estas casada con un hombre
muy diferente a mí.

Pero no tienes tu vida asegurada, porque no hay retoño en la morada,
después de tanto tiempo de estar nuestras vidas separadas, me
paso todas las noches sobre mi cama, penando en ti solo con mi almohada.

VICENTE GARCIA

NOCHE EN SOLEDAD

La noche está en silencio,
la luna está en cuarto menguante,
todo está triste, la soledad no hay quien la aguante,
no tengo familia, no tengo amigos,
ni a nadie con quien quejarme.

No he podido enamorarme,
ya demasiado he sufrido,
no quiero que me pase lo de antes,
que tenía una amante que frustró mi corazón.

Alejó de mi toda tentación,
de mi hizo un cobarde, sí, un cobarde,
porque ha pasado mucho tiempo
y sigo sin querer a nadie.

Tengo temor de sentir amor y lograr
la felicidad que espero un día,
tengo la ansiedad de tener una mujer
en mis brazos y hablarle de amor.

Poder besar su boca, acariciarle el pelo
y caminar con ella a la orilla del ancho mar,
soy un romántico soñador,
todo esto es mi sueño, que en esta triste noche
pasa por mi mente, antes de salir el sol.

TE AME

Como un torbellino, caminé sobre las tinieblas de las noches,
esperando el amanecer para verte caminar junto a él
llenándote de derroches, porque tu sabias que no lo amabas,
y por despecho te casaste con él, creyendo que te iba a llenar
el espacio que yo deje.

Eres una mujer cruel, sabias que te amaba, pero tú no lo amas
a él, lo haces sufrir para cobrarte las mentiras y engaños que te
han hecho los hombres de ayer.

El amor no es mentira ni falsedad, cuando se ama de verdad,
el amor es pasión, bondad y ternura,
no puedes pasarle al hombre que te ama, factura de las maldades
y amarguras que tú pasaste en tus pasadas aventuras.

Yo te ame y te abandone porque eres una mujer sin fe,
tú me amaste, pero nunca abandonaste el pasado,
tuvimos momentos muy felices, bien sabes que te quise,
pero no podía soportar tus arranques de celos que eran
solo temores de tus tiempos aquellos.

Por eso salí de tu vida, aun sabiendo que me querías,
no se puede compartir el amor con recelos y agonías,
hay que tratar de ser feliz día tras día,
porque no soportaba eso, te dije adiós amor de mi vida.

Pobre de tu nuevo amor, que no sabe la verdad de tu vida,
él sufrirá y te seguirá reprochando tu comportamiento
frente a su amor, que no es más que falsedad y mentira.

Te amé, eso no puedo negarlo, te abandoné.
de eso no me arrepiento porque no es un pecado,
simplemente porque por ti nunca fui amado.

VICENTE GARCIA

DESAMOR

Estoy convencido que entre nosotros ya no existe amor,
y que solo queda una vieja amistad, no está demás,
recordar que el amor que no se le da calor,
muere de frialdad y en una inmensa oscuridad.

El tiempo nos ha convertido en nada,
el desamor ha roto las barreras de todos nuestros sentimientos,
el hechizo pasó como agua que se lleva el viento,
yo sé que hemos hecho todo el intento, pero ya no queda nada,
el encanto pasó, no hay sonrisa, ni siquiera una mirada, nada, nada.

Yo me pregunto, cuando nos conocimos estabas tú realmente
enamorada, o solo fue una ilusión que normalmente
con el tiempo se acaba,

Es increíble pensar que tanto amor, tanta dulzura
de un momento a otro se convierta en amargura,
en una pesadilla.

A veces, creo que estoy soñando y que esto a mi no me
está pasando, te veo y no creo que eso este sucediendo
pero él a veces es como el viento
que se aleja se aleja hasta que lo cura el tiempo.

DESDE QUE TE FUISTE

Desde que te fuiste amor de mi vida,
tengo una ansiedad y el alma vacía
vivo en penumbra de noche y de día,
un amanecer que yo no merecía.

Tu vida y mi vida siempre unidas en un
solo llanto, con lagrimas de amor, ternura y encanto.

Desde que te fuiste, no vivo ni canto,
vivo en tristeza y amargura sollozando
tu nombre entre lágrimas, pasión y llantos.

Desde que te fuiste amor,
desde que te fuiste amor,
desde que te fuiste.

Desde que te fuiste muero en las tinieblas
de las noches, porque no estás en mis brazos calentando
mi almohada; mi cama esta triste,
la sábana abandonada,
yo no duermo pensando, pensando en donde esta mi amada.

Porque me has abandonado,
todo esto desde que te fuiste amor,
desde que te fuiste.

EL AMOR Y EL ROCIO

Ya llegó la madrugada
y el rocío está cayendo a paso lento,
nosotros estamos en nuestro aposento
mirando como sigue cayendo
y como juega con el viento.

Nos abrazamos y nos besamos poco a poco
para estimular el deseo que llevamos dentro,
en un beso profundo sentí que tu corazón
abrazó al mío y se confundió en un solo cuerpo.

Qué felicidad cuando el amor esta ardiente de pasión,
solo existe una confusión y es la ternura
y la locura con que nos amamos los dos,
el rocío iba pasando, y nosotros lentamente,
nos fuimos separando.

Nos dimos un último beso en señal de que
la luz del día se estaba acercando.
en ese momento observé en ti, una bella sonrisa
a flor de labios.

Fue una madrugada y un rocío tan agradable
que para nosotros será inolvidable.

DIVINA SONRISA

La sonrisa es la salud del cuerpo,
cuando sonreímos alimentamos el alma,
el corazón late con emoción,
las venas bailan con el correr de la sangre.

No hay mejor sensación que una sonrisa de amor
cuando se sonríe al amor,
la sonrisa y el amor hacen buena combinación
para mantener una buena relación.

La sonrisa te trae felicidad, unión y fraternidad.
no hay nada más bello que la sonrisa de un niño
a sus padres y abuelos.

Por eso, es muy importante desde la tierra
hasta el cielo, sonreírle al mundo entero,
para ver si así cambiamos todos,
que sería lo más bello.

Sonríe tú, sonrió yo,
así la maravilla del mundo seria para todos
sin odios, sin guerra,
a sonreír que la felicidad debe ser de todos.

COMO LAS ROSAS

Te conocí en una hermosa primavera,
en una mañana donde el sol parecía que acariciaba
el día y las flores mañaneras.

Quién pudiera tocar tu rostro de ángel
rosa de primavera,
eres tan bella que no hay en el mundo
con quien comparar tu belleza.

Los dioses iluminan el camino por donde andas,
para que no se maltraten tus delicadas piernas,
tan bien dotadas.

Siento que cuando te acaricio eres como una reina,
tierna, sencilla y esplendorosa, pero no se qué te pasa,
siento tu mirada extraña, desde un tiempo a esta parte.
recuerdo que antes, tú tenías hojas,
pero ahora tienes espinas.

Yo sé, que en el pasado alguien destrozó tu corazón,
amargó tu vida,
lucho días tras días, para mantener en tu corazón esta
alegría que tú me brindas amor de mi vida, porque yo
soy como las rosas, que mueren con la sequía
y renacen con las lluvias de un hermoso día.

La vida me ha brindado la oportunidad de compararte
con la cosa más hermosa, como son las rosas:
que nacen en esta maravillosa tierra,
que son las únicas que solo pueden ser comparadas con
el espíritu porque viven para siempre.

QUE RECUERDOS

Recuerdo que una noche de luna en cuarto menguante,
con estrellas brillantes estábamos tú y yo sentados frente a frente
y encerrados como dos pájaros enamorados,
sentía tus besos que me acariciaban lentamente.

Tus dedos recorrían mi cuerpo como velas incandescentes,
y yo me derretía en tus brazos como un adolescente,
todo era un gran idilio con besos y caricias que tus labios
y mis labios suspiraban tan cerca, frente a frente y cara a cara.

Como olvidar aquella noche, la noche de anoche donde el cielo
era nuestro principal testigo, de ese romance, de ese idilio.

Tú eres mi existencia,
tú eres mi sentir,
por eso sin tus recuerdos yo no puedo vivir amor.

YO TAMBIEN PUEDO ESCRIBIR UN VERSO

Yo también puedo escribir un verso,
solo necesito un motivo,
un tema constructivo y
un poco de inspiración.

Yo también puedo escribir un verso,
que me llene de satisfacción,
que me llene de alegría
y que me llene de felicidad cada día.

Padre, yo también puedo escribir un verso,
que sea sincero, que salga del corazón
y que grite lo mucho que te quiero,

Yo también puedo escribir un verso,
aunque sea el único que escriba,
un verso que siempre me recuerde,
que arriba hay un cielo.

Yo también puedo escribir un verso,
que llegue al alma, como el pasto al rocío,
puedo escribir por ejemplo,
que mis padres son las personas que más quiero

Yo también puedo escribir un verso,
diciendo que al mencionar el nombre de mi madre,
creo que, me da buena suerte, que me he sacado el cielo,
que la quise, que la quiero y que la amare
hasta mi descanso eterno.

Yo también puedo escribir un verso,
diciendo simplemente padre lo mucho que te quiero.

LO QUE RECUERDO DE TI MADRE

La vida a veces nos juega un papel equivocado,
esto me recuerda mi pasado, nunca fui un niño mimado,
aunque muy querido por mi madre,
ella nunca me demostró su amor.

Me mantuvo de su vida muy alejado
pero con un egoísmo nunca disimulado,
después que me fui de su lado,
parece que paso por su mente lo mal que
conmigo se había portado.

Ahora, yo un hombre casado,
quiere controlar mi vida y mantener una
relación que nunca había experimentado.

Al transcurrir el tiempo, conocí una
bella mujer, la que hoy es mi esposa,
mujer sencilla y cariñosa, también con la
necesidad de ser amada, porque por su jardín
paso un ruiseñor antes que yo
y en su vida una bella flor le dejó.

Después de un tiempo desaparecido, la abandonó
y ella sola quedó cuidando su hermosa flor,
hasta que un día me conoció,
ella es muy risueña, poeta y romántica,
yo, un desafortunado del pasado porque nunca
tuve quien me enseñara a amar la belleza de la naturaleza
y los deseos del corazón.

Aunque la amo demasiado, a veces noto ese vacio
que aun no he podido llenar a su lado,
por eso lo que deseo de ti,
es que entiendas mi desesperación,
que aunque no soy un poeta ni un romántico soñador,
que aunque nunca te regale una flor, te amo.

Tal vez el tiempo cure esta situación que viene de mi pasado,
es mi mayor ilusión para poderte brindar el amor que
siempre has deseado, perdóname y no
me guardes rencor, es lo más que deseo de ti, corazón.

MUJER DE CORTINA

Ella era una mujer hermosa, atractiva, conquistadora
y coqueta, vivía como una reina,
su casa era como un jardín de flores, que el olor de su néctar,
atraía los hombres como abejas, para que tomaran de su dulce miel.

Pobre de aquel que en su afán por tomar de esa miel se convirtiera
en uno más de esa colmena, de la abeja reina,
era una mujer de una gran hermosura, se sentía su ternura,
simplemente al hablar de ella.

Su sonrisa era como una refrescante briza de primavera,
que al pasar cerca de ella su rostro acariciaba dejándola aun más bella,
mujer de cortina porque para ella no existía clima,
en todas las estaciones sus amores siempre tenía,
a ella eso la divertía, no le importaba raza, credo ni religión.

Lo importante para ella era la posición económica de su barón,
pues tenía que mantener su colmena, para que las trabajadoras
abejas la llenaran del néctar de las flores
y así convertirlas en dulce miel.

Para la mujer de cortina, era un placer complacer a todos
los hombres, pero de alto nivel,
Un día, al igual que todos los días, pero con la diferencia de que al caer
el sol el tiempo se descompuso y comenzó a soplar el viento frío.

La abeja reina cayó al vacío, era como una caverna que tiene entrada,
pero aun no se encuentra la salida,
de todos sus enemigos se encontró con el más temido y peligroso,
con uno que ha acabado con todo el mundo y le llaman SIDA.

PROVERBIOS

Soñar no Cuesta Nada

Viejo proverbio de nuestros ancestros,
imaginar lo que uno cree imposible,
creer que lo que uno desea le va a caer del cielo,
soñar no cuesta nada.

No hay peor lucha que la que no se echa,
todo en la vida cuesta trabajo, normalmente hay
que empezar desde abajo, todo lo que fácil entra, fácil se va.

No se puede vivir sin fantasía,
la vida es una agonía,
el deseo, la esperanza y el necesito,
pone al pobre mansito,
por eso te digo el soñar no cuesta nada.

Solo Dios salió de la nada y nos envió a su hijo
de forma natural y no lo supimos apreciar,
la realidad es que lo que nada te vale, nada te cuesta,
has un esfuerzo, fíjate una meta.

Estudia, prepárate, lucha con fuerza y lograras tu propuesta,
porque si te acuesta, terminaras como buey halando una carreta,
en la vida hay una oportunidad, para aquel que cree en la realidad,
es pura necesidad ser objetivo y vivir en la sana mentalidad,
porque la verdad es que, soñar no cuesta nada.

TRISTE SOLEDAD

Me embarga la nostalgia, tengo necesidad de ti,
la angustia de tenerte a mi lado, me hace pensar que me has olvidado,
yo se que el lazo de nuestro amor es fuerte,
que solo nos podría separar la muerte.

Pero tu ausencia me enloquece,
es que no estoy acostumbrado a vivir sin ti,
el no verte me entristece, vuelve mi amor,
por favor vuelve.

Tú eres la consentida, la que enciendes la llama,
que le da luz a mi vida,
la que ilumina mi triste soledad,
porque en verdad te necesito con ansiedad.

Ansiedad de besar tu boca, de vivir siempre a tu lado,
para hablarte de mi amor,
yo no puedo pensar que no volverás,
porque a decir verdad, si tú no estás conmigo,
me va a matar esta triste

ELLA ERA ASI

Ella era así, sencilla, dulce y amorosa.
tenía la piel color canela,
los ojos llenos de luz encendidos
como gato en la oscuridad.

De cabello largo y precioso, era tan bonita,
que en ella no podía existir la maldad,
todos los hombres observaban su hermoso
caminar, su cara era tan angelical y femenina.

sus manos suaves y finas como la seda,
así era mi negra,
la reina de mi corazón

AMOR CIEGO

Yo estaba ciego,
pero en realidad yo la quería,
no le hacía caso,
y ella por mi se moría.

Actuaba con misterio,
siempre estaba distante,
pero cuando la tenía cerca,
era dulce como un ángel.

Por mi mal comportamiento
ella de mi se alejó,
ahora comprendo que estaba ciego,
y tengo roto el corazón

HOY VIERNES

Un día como hoy, en que alguien entrega su vida,
para salvar a toda una humanidad,
un día como hoy Viernes Santo, semana de meditación,
un día como hoy, que es tan importante la reflexión.

Un día como hoy Viernes Santo, en vez de pedirte perdón, Señor,
te cuento mis problemas, para que me le busque solución,
un día como hoy de arrepentimiento sincero ante el Dios de los
cielos, me arrodillo, y en vez de pedirte perdón,
estoy buscando mi salvación.

Un día como hoy Viernes Santo, tu estas crucificado
y yo estoy totalmente desesperado,
mis problemas no sé cómo solucionarlos.

Perdóname Señor, por escoger un día como hoy habiendo
tantos días en el año para resolver mis problemas,
y sea precisamente hoy Viernes Santo, que me arrodille ante ti
buscando una salida a mis pecados y desolación. Perdóname Señor.

Qué inoportuno es aquel, que solo piensa en todo momento
y circunstancia el salvarse él y Jesús aun muriendo en la cruz,
se olvida de él para salvar a los demás. Perdón Señor.

SIN MENTIRAS

Todo sería tan hermoso si no existiera la mentira entre nosotros,
somos seres humanos y entre nosotros nos estamos acabando,
hay que sembrar amor para cosechar amor.

No podemos vivir de la mentira y el engaño
porque entonces pareceremos seres extraños,
tú me amas con pasión y ternura,
entonces olvidemos las amarguras.

Puedes estar segura que mis sentimientos son tan dulces
y sinceros que me casaría contigo más allá del cielo,
por eso te digo, la mentira no es nada bueno
hay que oír buenos consejos y echar a un lado
aquellos que no son sinceros,
así podremos llegar a viejos.

Cristo es el don de la verdad,
por eso te pido por piedad,
has bien y no mires a quien,
sed fiel hasta la muerte y tendrás la corona de la vida.

Olvídate de la mentira y triunfaras en el amor
y en todo lo que tú decidas,
el destino es infinito, el amor es lo más bonito,
unidos los dos y sin mentiras,
moriremos juntitos.

VICENTE GARCIA

DESCONFIANZA

No sé qué sucede con nosotros,
la desconfianza nos está alejando uno del otro,
tenemos que olvidarnos de las peleas,
celos y obsesiones.

Lo importante para nosotros para conservar
nuestro amor, es la comunicación
y el respeto de uno al otro.

Te quiero con loca pasión,
olvida la desconfianza yo soy fiel, sincero y leal,
te amo como nadie te podrá amar.

Sé que no existe amor sin celos,
ni recuerdos sin olvidos,
pero cuando tú estás conmigo
solo pienso que te amo con todos mis sentidos.

Quisiera ser tu propio pensamiento,
quisiera ser la sonrisa que sale de tu boca,
para olvidarme por un momento de la desconfianza
que tus celos me provocan.

TRISTE Y SOLO

Hoy me siento triste,
estoy tan acostumbrado a tenerte siempre a mi lado,
sentir tus caricias, y tus besos acaramelados,
porque en un día como hoy,
la tristeza no se aparta de mi lado.

Sé que estas de viaje por necesidad de tu trabajo,
también se que solo son unos días,
pero es que te amo demasiado.

Necesito verte, besar tus lindos labios,
hablar de nuestro futuro,
mirar la luna juntos
como siempre, agarrados de las manos.

Salí fuera del país pensando que podría,
estar más cerca de ti,
pero mi amor, Japón no es allí.

Te llamo, y me quedo pensando ¿estará triste
como yo?, con una nostalgia por estar cerca de ti,
pero estoy feliz, porque yo sé que me amas
como te amo yo a ti,
que los días pasan y pronto tú estarás junto a mí.

Me haces tanta falta, que en las noches cuando me siento solo,
sueño que estas aquí en Boston conmigo dentro de mi corazón,
y que nuestro sentimiento es como una religión
o una promesa de infinito amor,
que sellará su pacto cuando estemos juntos
frente al altar los dos.

NOCHE HERMOSA

Qué noche más hermosa llena de luceros,
noche sensual e iluminada por una bella luna,
luna llena que ilumina esta primavera que desde el cielo,
una estrella observa el viento de la noche
como juega con tu hermosa melena.

El rio va y viene y no se detiene,
porque sabe que tu estas a mi lado
en esta luna de primavera.

Como quisiera que la noche nunca pasara,
como quisiera detener el tiempo para amarte con
ternura toda la vida amada mía.

Mis manos tocan su cuerpo y acarician su cara,
la lleno de besos y de caricias pura
y le susurro el oído te amo, amor mío.

Que noche más hermosa, nos quisimos mucho,
yo nunca la olvido, quisiera estar en contacto con ella
todo el tiempo, para no olvidar su bella sonrisa
acariciada por la brisa serena.

En una noche tan hermosa,
le doy gracias a la naturaleza,
porque en esta primavera, en una noche de luna llena
de estrellas, conocí a la que hoy es mi compañera.

COMO PASA EL TIEMPO

Qué lástima, como pasa el tiempo,
el verano sigue su camino y las hojas siguen cayendo,
yo, sigo contigo perdiendo el tiempo,
sí, porque soy el único que sabe lo que por ti siento.

Cada vez que te miro, estas sonriendo,
estoy enamorado y sigue pasando el tiempo,
te escribo versos y poemas,
tratando de conquistarte y tenerte entre mis brazos
y me evades en todo momento.

No sé si es que tienes miedo de amar porque se
que tu estas consciente, que mi amor es limpio e inocente,
cada día te sigo observando desde arriba hacia abajo,
y de ti todo me está gustando, todo.

Tu sonrisa, tu caminar, la forma de actuar,
hasta el modo en que a veces me mira,
a veces creo que estas comprometida
pero tu honradez no te permite decir mentiras.

No sé si te sientes por mí atraída,
pero tus miradas me enloquecen querida,
por favor, no juegues más mi amor.

No juegues más que mi corazón no aguanta más,
y solo tengo de ti una hermosa sonrisa que me enloquece,
no quiero perderte.

Porque sin ti, mejor prefiero la muerte,
no quiero nada,
el tiempo pasa y yo sigo esperando por ti todas las mañanas.

CONS EJO

Todo lo que se mueve a tu alrededor,
tiene que ver contigo,
por algo tú vives en la tierra,
ella gira y cada movimiento trae cosas nuevas.

Por eso tienes que vivir, una vida
que no te traiga nada de sorpresas,
olvídate de las penas
y trata de ser feliz contigo mismo.

Que eso te mostrará el camino
para poder convivir con los demás, no tienes mucho porque esperar,
cada día la vida algo nuevo te enseñará.

Demostrar tu educación le servirá de lección
a aquellos que se la dan de ingratos,
a los que les gusta hacerte pasar un mal rato,
en este mundo hay de todo, pero hay que buscar
el modo de ponerte al día en esta odisea.

Observa bien para que veas
que en este mundo existen mansos y cimarrones,
algunos te ayudan para que triunfes en la vida,
otros tratarán de hundirte mientras vivas.

Porque en este planeta hay mucha gente que vende
y vive de la hipocresía,

se indiscreto, mira por las noches y camina por el día
y nada te sorprenderá en esta vida.

Porque todo lo que gira a tu alrededor,
tiene que ver contigo,
por eso cuídate mucho, querido amigo y llévate
de mi consejo para que puedas llegar a viejo

COMPARACION

Pasear en un barco bajo una tormenta tropical,
caminar a la orilla de un viejo volcán,
cuando su caliente lava comienza a derramar.

Vivir en un lugar donde el agua cae del cielo
en primavera y nunca deja de amainar,
cruzar un desierto con un sol arrollador
sin agua que tomar.

Todo esto se puede comparar y no te llega a lastimar
más que el abandono de una mujer,
a la que nunca has dejado de querer,
cuando existe un verdadero amor, y te abandona a traición.

El dolor que se siente es como si te quisiera explotar el corazón,
por eso hago esta comparación,
hay personas que no han podido soportar este grave dolor
y han acabado con sus vidas y del que creen traidor.

El sentimiento amor, es una realidad que nace del corazón
y que hay que saber cuidar porque cualquier espina
lo puede lastimar,
has una comparación con lo que acabas de leer o escuchar
y siéntate.

Dialoga con tu esposa que no hay cosa más hermosa
y duradera que tenerle confianza a la mujer que amas,
y dialogar siempre que excitan problemas.

TRISTE NOCHE ESTRELLADA

Que noche más preciosa, llena de estrellas,
hace tiempo estoy aquí sentado, en la arena,
frente al mar pensado donde esta ella,
yo la quise, pero su amor por mi siempre,
siempre fue un misterio.

Estoy aquí sentado frente al mar, mirando las aguas,
mirando el cielo, contemplando las estrellas,
disipando mis penas,
siempre estaba en contacto con ella
todo el tiempo, ahora me has abandonado.

Parece que su amor por mí, se lo ha llevado el viento,
ahora no sé lo que siento, si la quise, si la quiero
porque su abandono, lo llevo muy dentro del alma,
en lo más profundo de mi corazón.

El abandono siempre trae consecuencias,
se convierte en odio, y otras veces nos sirve de experiencia,
sigo   con mi tristeza y mi soledad, aunque en realidad
me muero de pasión por ella.

Quisiera en estos momentos estar con ella,
me da mucha pena no tenerla entre mis brazos ahora,
no me acostumbro a la idea de haberla perdido,
siento un profundo dolor, porque ella no está conmigo,
en una noche como esta, tan preciosa y llena de estrellas.

NO JUEGUES MAS

Eres como la primavera, que alcanza el vigor
de tu vida entera,
te extraño como el verano, el calor de tu amor
para mi es sagrado,

Como caen las hojas de los arboles en otoño,
así brota el idilio de nuestro amor,
en el invierno sueño tanto contigo,
que tu cuerpo me sirve de abrigo.

El aroma de tu piel enloquece mi respirar,
por eso te pido, no juegues mas mi amor,
porque el hilo de nuestro amor se romperá,
y lo que siento por ti jamás renacerá.

No juegues más mi amor,
los sentimientos son traicioneros, hoy te quiero,
mañana solo pueden quedar los recuerdos,
por eso el amor es como las estaciones del año,
que cambian y a veces nos traen sorpresas,
por eso se pido, por favor amor, no juegues mas.

VICENTE GARCIA

LÁGRIMAS Y LLANTOS

Recordando tu bello rostro,
no pude contener mi llanto
y solo de pensar en ti, me pongo a llorar.

A llorar tu desamor,
a llorar tu traición,
como te amaba.

Recuerdo que cuando no estabas a mi lado,
temblaba de miedo,
miedo que otros ojos te miraran, miedo
que otras manos te tocaran.

Un miedo que terminaba en llanto,
era tanto amor que no soportaba mirarte en otros brazos
que no fueran los míos.

Era tal mi amor, que mis celos se transformaban
en lágrimas y llantos,
amor, se que te perdí, yo seguiré en penumbras
suspirando por ti,
aunque la vida se me vaya en lagrimas y llantos.

ODIO

Tanto   fue tan grande mi desilusión
     te   que de su amor
        ame
           como   solo
             tanto   odio
               te   siento
                odio   hoy

Irremediablemente   te ame con tanta pasión y ter-
odio   nura.
     solo
        odio   Que
triste es la situación   ahora
de aquel que la amo   simplemente
que hoy, solo se quedo   deseo
                            odiarte.

Ayer
    la
      ame
         hoy
           la
             odio

EL AMOR

Ya llegó la madrugada y el rocío está cayendo a paso lento,
nosotros estamos en nuestro aposento mirando como
sigue cayendo y como juega con el viento.

Nos abrazamos y nos besamos poco a poco para estimular
el deseo que llevamos dentro,
en un beso profundo, sentí que tu corazón abrazó al mío
y se confundió en un solo cuerpo.

Qué felicidad cuando el amor esta ardiente de pasión,
solo existe una confusión y es la ternura y la locura
con que nos amamos los dos.

El rocío iba pasando,
y nosotros lentamente nos fuimos separando,
nos dimos un último beso, en señal de que la luz
del día se estaba acercando.

En ese momento observé en ti
una bella sonrisa a flor de labios,
fue una madrugada y un rocío tan agradable,
que para nosotros será inolvidable.

TE SIGO ESPERANDO

Estoy totalmente perdido, no sé lo que estoy buscando,
estoy con un no sé qué, y con un no sé cuando,
y la vida sigue avanzando, jamás en la vida me había
enamorado tanto.

es un amor con ilusiones que a veces se convierte en llantos,
sí, llanto porque aun te sigo esperando.

A veces oigo los cantos de las sirenas
y creo que me avisan tu presencia,
la briza arrasa con la arboleda,
y eso a mí me desespera.

Hasta cuando, vas a estar jugando con este amor
que por siempre te está esperando,
este no es un amor cualquiera, nació desde que éramos niños,
pero tú siempre has sido muy coqueta y altanera,
tu hipocresía me desespera.

Me besas, me abrasas, me dices que me amas y luego te alejas,
¿qué te pasa?, ¿Por qué nos separamos tanto?,
¿por qué? Cada día nos entendemos menos,
¿por qué tú piensas que lo nuestro es un fracaso?,
si eres diferente cuando te tengo entre mis brazos.

Luego de mi te alejas, no me dices nada, te tragas
las palabras y me dejas en soledad y tinieblas,
y solo quedan en mí los recuerdos de aquel amor de ayer.

Si te marchas, no sé que mas,
tan solo se amarte y nada más,
te seguiré esperando con la esperanza, de que algún día
entiendas, que de verdad te sigo amando.

TU ME OLVIDASTE

Yo vivo recordando el pasado, te busco con mi pensamiento
por todos los lados y tu, tu, tu, tú me olvidaste.

Nada puedo hacer al intentar olvidarte,
mi corazón sigue aun de ti enamorado,
todas las noches al dormir sueño que tu estas a mi lado
y toco tu almohada totalmente desesperado
y tú, tú, tú me olvidaste......

Mira amor, quiero verte, quiero estar contigo,
quiero encontrarte, vuelve conmigo por favor,
no me maltrates, yo, yo te quiero como un loco,
y tú solamente piensa en olvidarme,
tú, tú, tú me olvidaste.

Tu, tu, tu de mi te alejaste, no pensaste en mí ni
en un instante, lo decidiste, lo decidiste y me abandonaste,
no, no, no soporto la idea de que por otro me dejaste,

Vuelve, ooo vuelve siempre a mi lado, no pienses jamás
que te he olvidado, me late, me complace tenerte,
quiero verte, morder tu cuerpo caliente,
es que no, no, no puedo creer que tú, tú, tú me olvidaste.

Me estoy volviendo loco amor,
devuélveme la fe, dame amor, devuélveme la vida, amor,
no es mentira, mi corazón late un millón solo por una razón,
porque..., porque tú me olvidaste.

DESDE UN RINCON DE MI ALMA

Desde un rincón de mi alma te canto mis penas amada mía,
no tengo otro lugar donde refugiarme para llorar las penas
que llevo dentro de mi alma, un dolor que nunca olvido.

Yo pensé que mi amor había crecido tanto hasta que por
primera vez te lleve a mi nido,
fuiste la primera mujer que de un santo hiciste un hombre
en todos los sentidos.

Tengo dieciséis años y fue tanta la felicidad
que deje todo en el olvido,
no, no estoy arrepentido, es que desde el rincón de mi alma,
no puedo soportar que te hayas ido.

Me has dejado triste amada mía, con ese sueño
hermoso y con el deseo de estar contigo,
sobrevivo, sobrevivo porque tengo la esperanza
de que un día voy a volver a ser feliz contigo.

No resisto haberte perdido,
porque sin ti es inútil vivir,
como inútil será el poderte olvidar.

Amada mía, profesora de mis mejores días,
aquí te esperaré días tras días,
desde el rincón de mi alma, llorando mis
penas y cantando mis alegrías.

VICENTE GARCIA

COMPAI DOMINGO

Compai, yo no se si ute se habrá
dao cuenta, que poi eto rumbo to
lo sábado, a eso de la tre y pico
de la taide, pasa poi aquí una india.

Una india ella, coloi canela, con un pelo
lacio que le da poi la cadera.

Pero que mujei compai! tiene un cueipo
que parece una quitarra y un desden
que no quisiera usted sabei.

unas piedna compai que hay caray
que no cauaiquiei mujei se le asemeja.

Yo creo que esa mujei, no tiene pareja ,
e heimosa y comparona, como no hay otra.

Toa la mujere dei pueblo la envidian,
pero he con razón compai, con ese cuipaso
y ese caderon, jata un león trataría de coitejaila.

Compai Domingo, y que ute de a veida no
conoce a esa muje, la india esa que uste dice,
no ooooooo, compai Juan, esa muje e Juana,
la mujei dei generai Cipriano.

¿Como?, si compai esa he la mujei dei generai,
compai yo no he dicho na,
he ma, nunca la he vito en mi vida,
pase buena noche compai.

CONSEJO PARA UNA ESPOSA

Tú eres una mujer atractiva y hermosa,
eres madre y esposa,
no te han salido bien las cosas,
te gusta la música, la poesía y los versos.

Pero a él no le atrae eso,
es por eso que no te sientes dichosa,
tú eres amante de las flores y las rosas,
el no se conforma con cualquier cosa.

Te gustaría que te dijeran cosas hermosas,
o simplemente que te regalen un verso,
libros o una rosa.
tú eres sencilla, amante del día y las mañanas lluviosas.

Amas el cantar de los pájaros,
para ti la vida es esplendorosa,
lamentablemente para él, la vida es otra cosa,
el trabajo, su familia y sus amigos,
la pasión de la noche, con eso él se conforma.

Trata de complacerte con sus cosas,
lo romántico a él no le importa,
tu primer amor poseía esos dones,
pero el destino cruel te lo llevo sin darte explicaciones.

Se fiel hasta la muerte, sobrevive a tu suerte,
porque el destino nunca nos da el amor que ansiamos en realidad,
así, como son los dedos de las manos, así somos los seres humanos,
por eso nunca encontramos la pareja ideal, la que siempre soñamos.

La vida es hermosa. Nos da, la naturaleza, el mar, los ríos,
las flores, la lluvia y una primavera esplendorosa,
vamos a vivir, vamos a hablar y a tratar de cambiarle el rumbo a las cosas
y seremos felices de una manera o de otra.

CALIENTE ADIOS

Está caliente el día, la temperatura esta sobre
los noventa grados y tú no estás a mi lado,
no hay señal de tormenta, solo la que revienta
en mi corazón.

No es posible que con este calor,
los rayos del sol no lleguen a tu corazón,
solo dame una razón,
para castigar mi amor de esta manera.

Tú me desesperas, me matas,
me enloquece con la ansiedad de verte,
sí el día está caliente, pero comprende mi amor,
es que te amo a muerte.

Tú dices que me amas, pero será en secreto,
porque después de tanto tiempo alejada de mi,
no escribiste una carta, ni siquiera una llamada,
creo que tú olvidaste lo nuestro, un amor
tan bello y que parecía sincero.

Es que aun no lo creo, estoy sudando,
el amor conmigo está acabando,
no quiero llorar, pero no puedo aguantar mis llantos,
en las noches sufro de espantos,
el insomnio no se aparta de mi lado.

Señor, ¿porqué sigo tan enamorado?,
era un amor ardiente, increíble y a veces transparente,
porque lo entregaba todo bien consiente y luego
resulta, que un día de verano, me dijo adiós
mi amor caliente, hasta otro verano.

Aunque a usted le resulte,
que nunca es mas tarde que temprano, yo la seguiré esperando.

EN UNA MAÑANA DE VERANO

En una mañana de verano como otra cualquiera,
cuando al caminar por la orilla del rio,
de repente vi que una sombra opacaba mi cuerpo,

Los rayos del sol penetraban directamente hasta la corriente
del rio, sufrí un gran escalofrió cuando al virar mis ojos
hacia atrás, estabas tú, bella y esplendorosa
que tan solo una rosa podría envidiar tu hermosura.

Me quedé sorprendido, nunca había visto mujer tan
hermosa en un día tan caluroso,
como esa mañana de verano.

En un paisaje donde hay lluvia, sol, colinas, llanuras,
ruidos, silencio, calor y frio; en un campo con tierras,
personas, animales, plantas y clima muy distintos.

Tú estabas en traje de baño , y en un momento todo esto,
vino a mi pensamiento cuando te vi en este campo dorado,
jamás me habría imaginado que una mujer tan hermosa
podría existir en este continente, en un ambiente en que los
rayos del sol brillaban ardientemente.

El rio te observa y habla con la voz de un niño en edad de gritar,
diciendo que yo tengo mucha falta de cariño,
recuerdo otra mañana de verano, en que los rayos del sol
eran suaves porque es muy temprano, pero con tu presencia
el tiempo cambia y todo lo arregla la naturaleza sabia.

En esa mañana de verano, muy temprano, al verte parece
que de pronto el sol resplandece y el azul del ancho cielo aparece,
se aclara y tu sombra me opaca
y todo me parece oscuro, pero me siento seguro porque un
amor como el tuyo, no aparece en cualquier mañana de verano

ERRORES DE JUVENTUD

Yo no sé si el destino se cobra las deudas,
y los errores cometidos en un pasado ya vivido,
en mi juventud yo era un papi, un teenager
(tineller) por las jóvenes querido.

Era el leader del barrio allá en Los Manguitos,
todo era sencillo, solamente vestir elegante
y hablar bonito, saber bailar con estilo y elegancia,
andar siempre con un poco de dinerito.

Otra cosa era la escuela, ser de los favoritos,
ser apreciado por los profesores,
y en los deportes destacarse un poquito.

Eso atrae mucho a las jóvenes y a los amigos,
para todo cuentan contigo,
cuando pasas de los veinte, tienes novias,
esta comprometido, te atraen las novias
de los amigos y hasta las mujeres ajenas.

Llega el momento que después de ser un Don Juan,
un conquistador, deseas matrimonio,
cuando llega a ti el verdadero amor, cuando te enamoras
de corazón, la familia a tu novia no le da la razón,
pues eres hombre conocido, por muchas mujeres querido.

Es cuando tienes que actuar con seriedad, demostrar
que eres un hombre de verdad, que el pasado quedó atrás,
que ahora eres un hombre nuevo, todo un profesional y que con
ella quieres formar un hogar

COMO SER AGRACIADO

En la vida todo ser humano tiene dos
alternativas buena o mala,
ser pobre o ser rico,
nacer enfermo o en salud.

Ser inteligente o no saber nada, pero
lo más importante, es saber enfrentar
la vida y vivir su realidad.

No solamente pensar, sino estudiar,
y actuar, no amagar y no dar, sino, dar,
ser positivo nunca negativo.

Trazarte un objetivo y terminarlo,
eso es ser positivo,
vivir de lo prohibido eso es negativo.

Cuando dudas, cuando no te trazas una meta,
si te pones a pensar te pareces a un cometa,
que no tiene rumbo que su vida es incierta.

Tú tienes cinco sentidos, tienes cerebro,
tú piensas, anda trázate una meta,
porque de lo contrario serás desgraciado en este planeta.

ahora bien, si usas tu cabeza, te organizas, te trazas esa meta,
ayuda a los demás, estudia, te prepararas,
te aseguro que tu fin lograras, es como si le sacaras el
premio a la vida, entonces serás un hombre agraciado.

CUATRO VERSOS

Qué fácil es decir te amo
lo difícil es demostrarlo
y mantenerlo hasta el fin
de cada verano.

Como te gusta agitar y provocar a los demás,
porqué no te dedicas a sembrar,
así a lo mejor podrás cosechar.

Te brindé mi amistad sincera, que pena,
que no me correspondieras de igual manera.

Qué pena, es amar y no ser correspondido,
después de que te han comido la manzana de Eva.

DIANA LA PRINCESA

Mujer elegante con una suerte reservada,
una bella paloma que volaba hasta que un príncipe
le cortó sus alas, el amor llegó hasta sus entrañas,
jamás pensó que su felicidad le iba a salir tan cara.

Formó un hogar en una jaula de oro con mucho tesoro,
pero era un amor como el de caperucita, cuando fue a
visitar a su abuelita, le salió el lobo.

En el reinado era considerada como una
plebeya dulce, hermosa y educada.

Pero era un tipo de mujer que a
cualquier hombre trastornaba.

Por su simpatía, y el trato que ella siempre
brindaba, en la realeza la consideraban alocada, porque no
tenía el linaje ni la sangre azul que ellos reclamaban, era
una mujer hermosa de físico, corazón y alma,
por eso siempre será recordada,
Diana, Diana la princesa más amada.

ESO VA CONMIGO

Amar amado, querer querido,
eso va conmigo, porque tengo la dicha de amar a
mi esposa y a mis hijos, que siempre están conmigo.

Soy amado por mi esposa y mis hijos,
son tres por Dios bendecidos.

La hembra que es mi delirio y los varones que son
mi destino y el futuro junto conmigo.

Querer porque quiero mucho a mis padres,
hermanos y amigos, porque ellos cuentan conmigo.

querido por mis padres, me quieren como
se quiere a un buen hijo.

Querido por mis mejores amigos, que son aquellos
que yo cuento con ellos y los que luchan conmigo.

Eso va conmigo porque más claro no canta un gallo,
y aquí se lo explico clarito.

LA ESPERA

Pase la noche entera esperando a
que tú regresaras, pero nada.

Las estrellas mantenían su luz refulgente
alrededor de la luna.

Diciéndole mira, ahí está ella en penumbra esperando
a su amor, está triste llora como una niña.

El amor nos trae alegría y felicidad, pero
también tristeza y amargura.

Nos enseña a conocer el corazón de los demás
y suplicar paciencia y sinceridad,
el amor nos enseña a odiar y también a perdonar.

Por eso te seguiré esperando toda la noche y
todo el día, para saber cómo actuará mi
corazón frente al amor de mi vida.

NEGRO

Naci negro, porque así tenía que nacer.
No sé por qué desprecian mi color
Yo no tengo la culpa del color de mi piel
mi raza no es diferente eso solo está en tu mente.

Negro es mi color, negra es mi suerte,
Yo no sé qué le pasa a la gente, desprecian
al negro como si no fuera gente.
hay que tener pendiente, que en el mundo de los
blancos el ser negro es un pecado imprudente.

Para nacer blanco hay hasta que tener suerte,
mi país fue conquistado, saqueado, y hasta
esclavizado, mi raza era diferente hasta que
llegaron estas gentes.

Perdonen que yo sea un exponente pero mi
país fue esclavo, como toda mi gente,
hemos sido denigrados y humillados, de tal
forma que esto ha causado millones de muerte.

Seguiremos cayendo, seguiremos luchando
o nuestra raza se iguala o tomaremos el mando.
en el mundo han caído muchos líderes defendiendo
nuestra raza negra, pero esto será hasta un
día si Dios se recuerda

DI QUE NO

Tu eres un adolecente ya piensas tiene mente,
comenzaras a estudiar, quiere ser un profesional
eso está bien, eres bien inteligente, te encontraras
con muchos amigos, buenos malos e independientes.

Entonces, ten esto presente, cuando alguien te
ofrezca drogas, di que no, ¡te vas a sentir muy bien!
las drogas pueden hacerte mal y hacerle
daño a tu cuerpo, a tu mente.

Cuando vayas a jugar los juegos que tanto te gustan,
piensa, las drogas te pueden impedir, sobresalir
en los mejores eventos,
esto no es un cuento, di no a las drogas, y siéntete feliz,
Si te siente mal o está enfermo, escucha amigo lo que te digo.

Llama a tus padres, conversa con ellos
te darán buenos consejos,
no tomes las medicinas de tus amigos, para eso
hay médicos, ellos están contigo,
los verdaderos amigos siempre estarán contigo,
nunca te pedirán que tomes algo que te haga daño.

Cuídate de aquellos amigos que son extraños,
te pintaran un mundo de color de rosa,
si alguien trata de darte drogas, puedes decírselo a
buenas personas di que no baby.

Si ves niños tomando drogas, cuéntaselo a sus padres
o, a un adulto! Nunca recibas regalos o dinero de personas
que no conoces, ni en su carro te montes,
Si alguna vez alguien te pide que pruebes las drogas,
recuerda que solo tienes que decir que NO

AL DR. JOSE FRANCISCO PEÑA GOMEZ

Dr. José Francisco Peña Gómez,
cuarenta años de vida política
cuarenta años luchando por un pueblo
cuarenta años luchando por un sueño.

Todo se fue abajo, dos veces frustrado
no por el pueblo, sino por un mal llamado
padre de la democracia.

por un alumno de Maquiavelo
que siempre quiere ser el primero.

Su orgullo y su racismo no han permitido
que Peña realice su sueño.

Ahora mi líder está enfermo, pero con
Dios delante y el apoyo del pueblo rezando
y orando, Peña realizará su sueño.

No me humillaré ante ti, aunque eso me cueste la vida,
aceptaré azotes y garrotes pero no claudicaré.

Mi buey no es de acero, por eso a veces
tengo que agarrarlo por los cuernos,
para que se mantenga en la contienda.

Como pesa mi color para aquellos que tienen el oro corruptor
en las manos, pero nunca es mas tarde que temprano.

NOTA: Esto fue escrito en Febrero del 1998.
El DR. José Francisco Pena Gómez murió el
Domingo 10 de mayo del 1998 QEPD

COMO LA AREPA

Mi país está de una manera que usted
nunca se lo hubiera imaginado.

Es candela por arriba, candela por abajo,
es decir, como la arepa.

Todo sube nada baja, que desventaja para el pobre,
que no puede comprar su mortaja.

La juventud en vez de estudiar, está formando banda
de delincuentes en todas las escuelas de la ciudad.

No sé hasta dónde vamos a llegar,
la gente sale en yola para otro país, buscando mejor vida,
mejor oportunidad, y mueren en la travesía en el mar.

El pájaro no es como lo pintan, hay que vivir
allí para saber la verdad,
se vive en total oscuridad,
para que la gente no vea lo que pasa en realidad.

Tenemos que aceptar esta democracia, porque fue regalada
de alguien que cree en su gobernabilidad.

Por su mente nunca paso esta realidad,
lo importante era el poder, ser el manda más.

Esperemos no nos vayamos a quemar con candela por
arriba y candela por abajo, como la arepa.

DE CORAZON A CORAZON

Vamos a ser sinceros, ya no siento el latir de
tu corazón, ni tu sangre correr por las venas,
cuando duermes te olvidas que a tu lado hay
un hombre que está sufriendo de penas.

Mis arterias están que explotan de coraje,
cuando tú ni siquiera te le acerca,
no hay cosa más grande que un corazón enamorado,
y que la persona que ama lo esté ignorando.

He pensado no seguir más a tu lado, estoy sufriendo,
vivo sangrando día tras día, el dolor de tu abandono
me hace sentir tan solo olvidado y humillado.

Por favor, dame una explicación, yo no entiendo la razón,
por qué tengo que pasar por esta situación,
si entre tú y yo todo es amor,
llevamos siempre una buena relación,
ven vamos a hablar de corazón a corazón.

DON CHICHI

Mi Padre

Como a nadie se le pide permiso para beber,
él bebe desde ante de yo nacer,
padre de seis hijos, tres le quedan vivos,
fuma y juega y a nadie le da quejas,
es mi padre y sí lo quiero, como quiera que venga.

Jesús
Mi hermano

Desde pequeño ha sido rebelde,
muchacho intranquilo, pero inteligente.

Mi madre le dio mucho fuete,
muy apegado a sus hermanos, aunque
con temperamento diferente.

Pasó el tiempo y creció, dio un
cambio de noventa grado.

Buen hermano,
buen hijo,
buen padre,

Pues tiene tres niñas,
hombre honesto y trabajador.

Lo amo de corazón,
Sí, ese es mi hermano Jesús,
que Dios te bendiga mi hermano

LA MUJER QUE AMO

Solo tú ahora existe en mi corazón,
porque nunca he sentido por otra mujer tanto amor,
tú eres la mujer con quien deseo estar,
por siempre y para siempre.

Tú la mujer que responde a mi sed,
tu mi dulce pana de miel,
te llevo tan dentro de mí, que cuando menciono tu nombre,
frente al jardín de vergel, me parece que las flores sienten selo de ti,
por el aroma que dejas cuando te acercas a mí.

Tus manos son como pétalos que acarician mi cuerpo,
siento que tus labios cuando tocan los míos, me transportan
a una pasión, profunda y misteriosa,
que es como una furia loca,
que tu amor me provoca.

Nunca esperé estar en esta situación la cual llamare amor,
porque un gran amor como este, no se encuentra todos
los días, afortunadamente has iluminado mi vida.

Como siempre sucede, nunca encuentras palabras
para explicar lo que sientes, pero tu iluminas mi mente,
y le das valor a mi corazón.

Y así con facilidad, puedo expresar lo que siento
por ti, porque eres la mujer que amo.

LA SEÑORA DEL VESTIDO BLANCO

Eres una dama llena de encanto y esta noche con
ese vestido blanco, luces como una reina
frente al ejército romano.

Todos te rinden honores, la verdad es que
luces bella y encantadora, distinguida señora.

Honor a quien honor merece, quien pudiera reconocerte, no tardaría en
pensar que tal para cual, es aquel fatal que en ti forjó su suerte.

Te conoció y como era un hombre de mundo, para él todo
cambió al verte hermosa y elegante, saliendo de un cabaret de mala muerte,
caminaste suave y con un tongoneo que a cualquier hombre enloquece.

El señor se emocionó al verte, y de inmediato le salió decirte,
qué mujer más hermosa la que mis ojos ven,
y tú al ver a aquel hombre tan bien vestido y decente,
te lanzaste como una fiera que tiene su presa al frente.

De ahí en adelante cambio tu suerte, de una elegante ramera
a una gran señora con prenda y joyas de diferentes maneras,
vestido y zapatos exclusivos para una reina de indiscutible belleza.

El tiempo pasó, y aquel trota mundo murió victima
de tus sueños continuos con diferentes amigos,
no te conformaste con fama, joyas y dinero, porque es cierto
"perro huevero, aunque le quemen el hocico, sigue robando huevos".

Y en esta gran fiesta de palacio, se sigue vendiendo huevos a ricos
y poderosos, gracias a la señora de aquel vestido famoso.

LO QUE SIENTO POR TI

Mi sentimiento es como un volcán que
brota su lava cuando te siente pasar,
es como un mar embravecido, que hunde a
cualquier barco, solo al sentirte pasar.

Lo que siento por ti, es como el agua,
que nunca se cansa de acariciar tu cara,
Lo que siento por ti, es como una suma de deseos,
que conjugan en mi cuerpo, el verbo amar.

Acariciarte y besarte es lo que deseo
cuando estoy cerca de ti,
es un amor caliente, ardiente, imperante
y sofocante, que me ahoga en gran deseo, y
que me lleva a pensar, por Dios, que es lo
que siento por ti.

Yo que te enseñé la verdad,
Yo que te enseñé a ser honesta y fiel,
tú me enseñaste hacer sincero, me enseñaste nuevas
caricias, lo dulce y lo tierno, la verdadera pasión del amor,
tú me enseñaste a quererte y todo fue un sueño, maldita sea mi suerte.

ESMIRNA-YSMIRNA

Recuerdo aquella noche, cuando conversaba contigo,
te escuchaba y tu te me parecías como una canción
divina que salía desde lo más alto del cielo.

Nunca he podido olvidar aquel momento
que entre canciones y alegría, sentí una
atracción o curiosidad por acercarme a ti.

No pude resistir esa tentación,
volví la vista hacia tus hermosos ojos, concentré
mi mirada fija para que mis oídos pudieran escuchar
las dulces palabras que salían de tu boca.

Ysmirna, solo los dioses griegos conocen tu nombre,
cuando te conocí, pensé que los rayos de gloria de
color ámbar resplandecían felices cuando logré
tocar tus manos en señal de saludo.

Ysmirna, tu nombre significa prosperidad y riqueza,
eres una beldad hecha mujer,
entre palabras y palabras pude notar,
que en ti no
existía la verdadera felicidad,
pero tú la puedes lograr, porque eres mujer de lucha
y de triunfo ancestral.

Ysmirna, cada vez que me recuerdo de ti,
cada vez que hablo de ti, es como si estuviera
abrasándote a ti, a la tierra y a todo los mares contigo,
es que tu nombre no es de este siglo,
es como de una mitología griega que significa amor,
felicidad y riqueza espiritual.

Después de aquella noche, jamás te he podido olvidar,
siempre tu nombre me pone a pensar y creo que eres
una ninfa que en la mitología griega, era la diosa
menor de la naturaleza, Ysmirna.

VICENTE GARCIA

MIS HERMANOS

De seis quedamos tres,
cinco varones y una hembra.

Vicente, Jesús y Mami,
lu última fue la hembra.

Mami por bajita.
Mami por gordita.

Mami porque fue la última cosechita,
aunque un poco dura de temperamento,
la quiero mucho, aunque ha sido un tormento,
espere un momento, su nombre, es María Bienvenida.

PATRIA

Que orgulloso y satisfecho siento haber nacido en mi patria,
hombre honesto, sincero y caballeroso, es aquel que se
quita el sombrero para rendirle honor y respeto a su patria.

Defender su patria es un orgullo y deber de cualquier hombre,
que cree en Dios y libertad, con una bandera tricolor
en su señal de paz y amor, mi isla rodeada de
hermosas flores, de agua dulce y agua salada.

Es una isla privilegiada, por ser la primada de una América
conquistada y como escribió un gran compositor,
"Quisqueya, la tierra de mis amores de grandes brisas y linda flores".

Pero mi orgullo y sentimiento es doble, patria la que
me vio nacer y patria la que me dio el ser.

Que honor,
que orgullo,
qué valor y que alegría que mi patria Quisqueya,
la más bella, me vio nacer y que patria, la
rosa más hermosa del jardín de mi vergel, esa mujer,
mi madre, haya sido la que me dio el ser. Patria!

PATRICIO

Hombre honesto trabajador y sin vicios,
a cualquiera le hace un servicio,
no es moroso, cumple con su compromiso.

Camina con la frente en alto, porque nadie sobre él
puede formar ningún tipo de juicio,
Patricio, padre de cinco hijos,
amoroso y sencillo,
respeta a todos sus vecinos.

Persona muy confiada en el destino,
dice que Aries es su signo,
visita la iglesia cada domingo,
él, su esposa y su cinco hijos.

Trabaja fuerte todos los días,
para que no le falte nada a su familia.

¡Qué! Patricio siempre con una sonrisa a flor de labios,
como si fuera un niño camina lento,
pasa por la calle saludando a toda la gente del barrio.

Dice Patricio, que con humildad, honradez y sencillez
tu puede tener el mundo a tus pies.

No para pisotearnos sino para ayudarnos, los uno con los otros,
y veras que diferente será la vida con usted.

VIDA EN PENUMBRA

Sabes señor, ya no vivo más en penumbra,
conocí un nuevo amor, que ha llenado mi hogar de paz y
tranquilidad, con gran deseo de vivir felicidad total.

Yo quiero ser feliz, estando junto a ti,
Yo quiero sonreír y vivir esta felicidad, enamorado de ti.

Sabes señor, gracias por haber puesto en mi hogar tanto amor y felicidad,
ya no podía vivir mas así, muriendo de amor como si fuera de enfermedad.

Ahora estoy aquí, confesándote a ti,
qué bueno es vivir, sin una noche gris,
ella es la realidad, mi única verdad,
ahora sé lo que es amar a una mujer real.

La sombra y la penumbra, entristecían mi vida,
mi habitación siempre estaba vacía, no existía alegría,
siempre me acompañaban, la soledad y la melancolía.

En el bar una botella de vino, una canción y una poesía,
me recuerda que aun yo tenía vida,
gracias Señor por ayudarme a salir de la vida
en penumbras y desgracias en que yo vivía,

VERSOS

La Voz

La voz de mi corazón, es como si mi alma hablara,
es como si expresara todo el amor que siento por ti,
es como que si al llorar la sangre brotara por todas mis venas,
esa voz, que te llama sin cesar sin pensar que muy pronto,
arderá en llamas, cuando sepas que ya no me amas.

La mujer tiene su gusto, el vino le pone el sabor
y el punto, y yo la gozo sin ningún susto.

Te vas

Te vas y me promete hasta el cielo,
Yo, te espero porque eres lo único que anhelo.

CONSEJOS

Vive y dejas vivir a los demás.
Crece y dejas crecer a los demás.
Comparte con los demás, y ayuda a quien puedas ayudar.
Siembra y podrás cosechar.

TE SIGO ESPERANDO

Cuando me besas, se me olvida que es porque de mi tu alejas,
aunque eso a mí me desesperas.

Te seguiré esperando, porque la esperanza es lo último que se
pierde y yo creo que en ti la he perdido.

Porque ya no no siento nada cuando estoy contigo, yo se que
sufriré, pero aun así, te seguiré esperando.

VICENTE GARCIA

AMOR DE PRIMAVERA

*Después de una tarde del mes de abril cuando la
primavera se empieza a sentir, cuando la briza
juega con los arboles y las flores de múltiples,
colores bailan al compas con la entrada de la noche.*

*Vienen a mi hermosos recuerdos de aquel día en que
te conocí, así como el sonar de la briza, el olor de las
flores y el va y ven de las hojas de los arboles, anuncian
la primavera, me recuerdan aquella vez, primera en
que tus hermosos labios besé.*

*Esa estación del año, creada por la naturaleza, fue la
que enterró la flecha de Cupido en mi corazón.*

*Por eso le agradezco a Dios creador de la naturaleza
que en esa primavera, conocí a la que
es hoy la dueña de mi verdadero amor.*

*Bella primavera, tú me has dado para siempre
vida eterna, porque un gran amor como este no se
encuentra en una estación cualquiera,
te agradezco de sublime manera,
mi amor de primavera.*

LA PROMESA

Dicen que lo prometido es deuda, deuda que
debe cumplirse al pie de la letra.

Ellos eran la comunidad más moral
en el campo como en la ciudad.

Implantaban la mejor teoría, en contra
del capitalismo y la oligarquía.

Para ellos eso, era un principio cuando
tenían doctrina su profesor era una profecía.

Su escuela de cuadro político era una
supremacía, ellos planteaban y decían
que acabarían con la hipocresía y la burguesía,
que ellos entregan su corazón a cambio de
acabar con la corrupción.

Pero pueblo, esto no tiene perdón, porque aun no
encuentran la solución, un programa para una aplicación,
promesa para un pueblo que jamás se cumplió.

Es que una cosa piensa el burro y otra el que lo monta,
ellos prometieron cosas que jamás cumplirían. Lo importante
era estar en la cima, le vendieron un programa al pueblo sin
poderes, eso ellos lo sabían que sin eso no se podría.

Ahora seguimos como Juancito el caminador, por un
camino peor, sin luz y sin agua, ni comida y sin salud
y dando tropezones, vaya camino el del labrador.

Las promesas, promesas son y el pueblo con gente
como esta no debe tener perdón.

VICENTE GARCIA

LO QUE SIENTO A TU LADO

Cuando estoy a tu lado no se de
tristeza solo sé de alegría.

Tu eres mi vida tu eres mi todo, mi más hermoso
tesoro, cuando estás a mi lado la vida la miro de
otro color, penetran en mí los rayos del sol
como una luz que ilumina mi corazón

Esta es la razón que me motiva a escribir
con ilusión, la sensación que siento
cuando tú estás a mi lado.

Tu eres lo que siempre he anhelado, desde
pequeño soñé tener una familia, con un amor
consagrado para toda la vida, y en ti el Señor se ha
manifestado y creo que ese sueño lo he logrado.

Cuando estoy contigo veo el cielo más bello, creo que
toco las estrellas con mis manos, cuando estoy a
tu lado viene a mí aquel verano en que te conocí.

En una playa te llevaba de las manos, caminamos
y caminamos, hacia un árbol y allí debajo de
sus ramas nos besamos.

Ese beso selló nuestro amor desde ese
día y para todos los veranos.

Por eso, aquí te expreso todo lo que siento por ti,
cuando estoy a tu lado.

MI DECISION

Lo pensé muchas veces, antes de hacerlo lo medité,
lo analicé, entonces fue cuando una decisión tomé.

Quiero el divorcio, perdóname pero es lo que ansío,
ya demasiado he sufrido, he llorado como un niño,
te he suplicado, te he rogado y tú ni siquiera cuentas
te has dado que contigo he sufrido un gran desengaño.

Sé que para ti esto es extraño, jamás pensaste que
de ti yo podría separarme pero lo siento mi amor,
quiero el divorcio porque ya a ti no te soporto.

La última fue en la fiesta de mi compadre cuando
hablando conmigo, con otro te marchaste.

Qué humillación, la gente enseguida observó,
pero que descaro, esa señora lo ha abandonado,
solo pensé, tanto que la he amado y ella mi esposa
no tiene corazón, mi amor lo has malogrado,
no, no estoy enojado, lo que si es que no
doy un paso atrás, el divorcio va porque va.

QUE MANERA DE AMAR

No digas que me amas en una tarde de calor y me
echas al olvido en una noche de frio.

Sí sueño en la noche que está en nuestro nido de
amor, ¿por qué en la manana me miras con tanto rencor!

Cuando escucho las notas de nuestra canción preferida,
se me abren más las heridas que dejaste en mi corazón,
ya he perdido la ilusión de volverte a ver y solo me
quedan nostalgias de tus besos de ayer.

Besos que quemaban mis labios y abrazos que me hacían
desvanecer.

Los instantes más felices de mi vida fueron contigo, pero
la soledad me mata, cuando paso mucho tiempo solo y tú no
estás conmigo, hay días que le pido a mi corazón no ames
mas, por favor olvídate de ese amor, porque yo lo perdí y
ella me perdió y cada cual su rumbo cogió.

Yo pensaba que mi esperanza eras tú, creí que eras todo en
mi vida, al final todo fue falsedad, una mentira.

Por eso he llegado a una conclusión con respecto al amor,
no vale la pena sufrir por aquel que por ti no sabe sufrir,
no vale la pena llorar, por aquel que por ti no puede llorar.

Y pensar que fui dueño de tus besos que dejaron en mi boca
un sabor a miel y cerezo

Hace tiempo que mi vida no tiene valor, será porque ya no te
llevo dentro de mi corazón por tu manera de amar.

NOCHE HERMOSA

Que noche más hermosa llena de estrellas, noche
sensual e iluminada por una bella luna.

Luna llena que ilumina esta primavera, que desde
el cielo un lucero observa el viento de la noche
cómo juega con tu hermosa melena.

El rio va y viene y no se detiene, porque sabe que tú estás
a mi lado y que siempre tú serás mi pareja en esta
bella luna de primavera.

Cómo quisiera que la noche nunca pasara, cómo quisiera detener
el tiempo para amarte con ternura, mirando el azul del cielo
toda la vida amada mía.

Mis manos tocan su cuerpo y acarician su cara, la lleno de besos
y de caricias pura, le susurro al oído te amo amor mío, nadie me ha
besado como tú con tanta dulzura y sentimiento.

Qué noche más hermosa, nos quisimos mucho, yo nunca la olvido,
quisiera estar en contacto con ella todo el tiempo, para no olvidar
su bella sonrisa acariciada por el viento.

En una noche tan hermosa le doy gracias a la naturaleza, porque
en esta primavera, en una noche llena de estrellas, conocí a la
que es hoy mi fiel compañera.

PORQUE ME HACES SUFRIR

He vivido tanto sinsabores en la vida,
que ya no siento los dolores que tu desprecio han causado en mi.

La crueldad de tu silencio y la hipocresía que derramas sobre mi amor,
destruyen la posibilidad de creer en ti,
de creer que me amas,
que tienes sentimientos positivos para mí en tu corazón.

El amor debe ser limpio y sincero,
no hemos nacido en este mundo,
para hacer sufrir a los demás,
se debe brindar amor al ser que te tocó amar.

He querido,
he amado y a nadie le he hecho daño.
Porqué hacerme sufrir,
porqué hacerme llorar si soy un ser humano igual a los demás,
con sentimientos puros llenos de sinceridad.

Por favor no me hagas sufrir,
no me hagas llorar,
respeta mi sentimientos
y no me hagas padecer mas,

MI PRIMERA ILUSION

Después de una cruel desilusión de amor,
en la que me rompieron el corazón,
decidí olvidar las heridas del pasado,
cuando entendí que ya mis heridas habían cerrado,
de aquel amor que se fue... y otro ha venido.

Aunque ha pasado bastante tiempo,
mi corazón ha comprendido,
que ya mi vieja ilusión está muerta.

Este nuevo amor, trajo a mi vida mi primera ilusión,
bien sabe Dios que ese era mi más hermoso sueño,
mi esperanza,
mi suerte,
mi más grande placer,
ver mi primer hijo nacer.

Un trece de junio, a media noche,
voy con dulzura y de inmediato,
en medio de una locura de felicidad a buscar mi criatura,
fue la noche más hermosa que he vivido en mi vida,
el niño me sonrió cuando mi madre que estaba presente,
me lo paso con labios trigueños y unos hermosos
ojos marrones como su padre.

Noche luminosa fuertemente vivida,
la primera ilusión de mi vida,
por eso adoro tanto ese varón,
César Antonio hoy hecho todo un hombre,
profesional graduado con dos posgrados,
que ya hasta un nieto me ha dado.

VICENTE GARCIA

ODIO

Tanto te amé
como tanto te odio,
desesperadamente odio,
solo odio.

Triste es la situación de aquel que la amó,
que hoy solo se quedo.

Ayer la ame,
hoy la odio.

Fue tan grande mi desilusión,
que de su amor,
solo odio siento hoy.

Te amé con tanta pasión y ternura,
que ahora solo deseo odiarte.